EXTRAITS

DES

ÉCRITS

DE

Joseph-Maurice DU MARCHÉ

LIEUTENANT-COLONEL D'ARTILLERIE

CHEVALIER DE LA LÉGION D'HONNEUR

ANCIEN ÉLÈVE DE L'ÉCOLE POLYTECHNIQUE

Décédé à Versailles, le 14 avril 1889

VERSAILLES

LIBRAIRIE NICOLAS-ÉTIENNE

46 rue de la Paroisse, 46

—

1893

PRÉFACE

Décembre 1878.

Monsieur,

Le soir, lorsque mes enfants sont couchés
et que la mère de famille fait ses derniers
arrangements domestiques, je me rapproche
de la lampe et relis mon journal; puis j'ins-
cris quelques notes sur un vieux cahier et je
me couche et m'endors en songeant aux
évènements du jour, à ce qui se passe dans
tout l'univers, à ce qui intéresse l'avenir de
mon pays. Quand j'ai le temps, le dimanche,
les jours de pluie, je mets en ordre mes idées

EXTRAITS

DES

ÉCRITS

DE

Joseph-Maurice DU MARCHÉ

LIEUTENANT-COLONEL D'ARTILLERIE

CHEVALIER DE LA LÉGION D'HONNEUR

ANCIEN ÉLÈVE DE L'ÉCOLE POLYTECHNIQUE

Décédé a Versailles, le 14 Avril 1889

—◦—

VERSAILLES

LIBRAIRIE NICOLAS-ÉTIENNE

46, rue de la Paroisse, 46

1893

de la semaine, ou de la quinzaine, ou du mois; je reviens sur la période écoulée, je complète mes réflexions et je fais des projets.

C'est ce travail à bâtons rompus que je viens vous offrir. Il me paraîtrait cruel de sacrifier les enfants de mon esprit et de mourir sans avoir goûté de la publicité.

FRAGMENTS SUR LA GUERRE DE 1870

Continuation d'un temps affreux : vent, bourrasques, pluie, tonnerre. Un ouvrage placé comme celui-ci et organisé à ciel ouvert n'est tenable que l'été. Ici tout devrait être casematé.

La capitulation aurait été discutée dans les conseils et proposée aux généraux qui, en ce moment, consultent leurs officiers.

Sans doute, si une grande partie de l'armée veut se rendre, une autre portion notable sera d'avis de servir jusqu'aux dernières limites de la résistance possible. Ceux-là obéiront au devoir militaire qui prescrit de n'abandonner un poste que lorsqu'on ne peut plus le défendre, devoir désagréable, j'en conviens, mais rigoureux ; devoir tel qu'il implique l'infraction du devoir général, de l'obéissance passive. Pour moi, on doit refuser de suivre son chef dans ces deux cas :

1° quand il vous commande de désobéir aux lois fondamentales d'un pays (coup d'Etat) et, ici, je remarque l'absurdité de l'indépendance du pouvoir exécutif; 2° lorsqu'il trahit. Jamais je n'eusse souhaité d'être dans une place assiégée sans espoir de secours ; c'est une des circonstances les plus pénibles de la guerre, mais, puisque j'y suis, je n'ai qu'à me dire, ou plutôt à me répéter : En campagne, la première chose à faire, c'est le sacrifice complet de sa peau ; en outre, mes chances de retour ont diminué de moitié à un pour cent ; c'est un malheur, mais suis-je donc immortel?

Tout cela d'autres plus sensibles à l'honneur, au patriotisme, le ressentent et l'affirment tout d'abord. Moi j'ai besoin de réflexion; mais, au moins, puis-je me rendre la justice que la base de mon raisonnement est, et a toujours été, de me former une opinion conforme à l'honneur et au devoir. Je veux qu'on puisse dire de moi : « Il a bien mérité de son pays »; et cependant j'aimerais mieux que mon mérite fût autre et que je pusse contribuer à la paix et à l'union au lieu d'être un instrument de destruction et de haine.

Parfois nous rions, malgré la gravité de la situation, soit le soir en nous disputant au whist, soit le matin au réveil, sous nos bonnets de coton.

Les femmes, la gauloiserie, les quatre perspectives qui nous sont ouvertes et qui toutes aboutissent à être faciles, tout cela grâce à l'esprit plaisant de D... et à notre bonne humeur naturelle, nous amuse un instant.

Nous discutons aussi le devoir militaire dans les circonstances pénibles où nous sommes chaque jour. L'armée est bien près de l'impuissance absolue. Doit-elle, avec de très faibles chances de résistance, mépriser une capitulation et se faire jour à la baïonnette? A mon sens l'honneur commande de le tenter; quant aux forts, si la ville se rend, ils devraient résister; mais ils ne peuvent le faire qu'en exposant les habitants à de cruelles représailles.

Avons-nous le droit, à nous seuls, de le leur imposer? Le Saint-Quentin, découvert à la gorge sur la Moselle, n'est pas susceptible de se défendre isolément. Voilà la question posée, reste à la résoudre.

La capitulation est annoncée aux troupes. On rend les armes et on les met dans les forts. Demain les hommes seront conduits aux avant-postes et remis par les officiers aux mains des Prussiens : ruine et honte ! C'est complet !

Cette armée n'a pas fait son devoir et tout le monde a été coupable. Nous sommes restés un mois sans combattre et la ville, au moins, n'a pas épuisé ses ressources.

Se rendre quand on a des armes est criminel !

Dans deux jours on pourra communiquer avec la France. En apprenant cette nouvelle, notre commandant a pleuré de grosses larmes, disant : « Après deux mois et demi annoncer une pareille « honte ! »

Cet homme ne m'avait pas paru aussi impressionné, mais il était chargé d'emmagasiner les armes, et le fait matériel lui avait révélé toute l'étendue du fait moral. C'est ainsi que l'homme se prend aux signes, aux choses sensibles. Les hommes qui remettent leurs armes ont plutôt l'air triste que gai, mais ils semblent peu impressionnés.

Réunion à Metz, chez le colonel du génie (bureau du génie), pour refuser la capitulation et percer, sous la conduite du général Clinchamp. A 8 heures on s'entend, à 2 heures on se réunit ; le général ne revient pas, découragement !

Lundi 31. — Pluie continue. Les marchands prussiens sur les places, la population toute joyeuse d'avoir du lard, du sucre et du sel. Obligeance sotte des bourgeois qui renseignent les Prussiens à qui mieux mieux. Les blessés du palais de justice abandonnés depuis quinze jours par les magistrats qui faisaient, au début, beaucoup d'étalage de zèle.

Quelques femmes patriotes et dévouées, de jeunes filles qui ont vu mourir leurs compagnes en soignant des typhiques, exemple : la nièce du notaire G... chez qui loge P...; dévouement de madame A... à ses malades qui tombent d'inanition. On leur continue la ration de blocus.

L'Allemagne nous avait déjà envahis pacifiquement ; Paris et les départements frontières regorgent d'Allemands. Cette race se multiplie plus que la nôtre ; elle est religieuse, chaste, laborieuse, intelligente, disciplinée, relativement à nous. Ce sont des barbares; mais ils en ont les vertus et la force.

Dans les lettres que j'écris, je mentionne que nous avons été bien traités par l'administration militaire prussienne. Beaucoup, sans doute, se plaindront, mais, pour moi, je considère la confusion dont nous avons pu souffrir comme résultant : 1° de la bonne volonté qu'on nous a témoignée pour nous placer dans des villes de notre choix, bonne volonté qui s'est trouvée en conflit avec des ordres du ministère; 2° du peu d'expérience et de l'esprit brouillon qu'on rencontre des deux parts; nous, turbulents, parlant tous à la fois et ne nous plaçant pas en ordre, le major d'A..... n'ayant pas une habileté exceptionnelle pour nous diriger.

Ici nous avons un seul appel par semaine et l'obligation de rentrer à 9 heures, obligation qui n'est pas stricte; mais il faut demander une permission pour le théâtre, par exemple.

18 janvier. — On nous engage à nous partager en groupe de dix, responsables de la fuite les uns

dés autres. Mon intention est de ne pas les aider
à faire ce travail. Je renie toute espèce de respon-
sabilité ; je me considère comme engagé vis-à-vis
du général prussien tant que je serai libre de mes
mouvements dans l'intérieur d'une ville, tant que
je ne trouverai pas d'obstacle matériel à sortir du
cercle qui m'est assigné ; mais, par contre, le
général prussien n'a aucun droit à restreindre
cette liberté quand même tous les officiers français auraient pris la fuite et que je resterais seul
en Allemagne.

Paris est tombé sans gloire ! Les cloches son-
nent et les Allemands se réjouissent.

Mes premières pensées sont de haine et de ven-
geance, le poids de l'humiliation est si lourd !

Et cependant, si nous avions vaincu, nous nous
réjouirions sans comprendre l'amertume qui rem-
plirait le cœur de nos ennemis, nous ne vaudrions
pas mieux qu'eux.

Tirons donc de notre malheur son meilleur
fruit, son enseignement le plus élevé. Mettons-
nous au-dessus des passions brutales, des basses
rancunes, de tout ce qui rive l'humanité à ses

penchants bestiaux et engendre une suite infinie de maux.

Fi des errements du passé ! honte au droit de la force ! pas de colère ! pas de haine !

Embrassons d'un cœur résolu le culte de la justice, le culte de l'humanité et élevons-nous au-dessus des vulgaires passions des hommes.

Puisse la France être désormais le soldat de la justice et du droit ! Puisse-t-elle inaugurer dans son sein une société meilleure ! Puisse-t-elle réaliser sa belle devise : *Liberté, Egalité, Fraternité !*

PROJET

D'UNE

INSTRUCTION PATRIOTIQUE ET MILITAIRE

Destinée à la

JEUNESSE DES CLASSES LABORIEUSES

LETTRE A UN INSTITUTEUR

MONSIEUR,

Je vous adresse, ci-inclus, le projet d'une instruction patriotique et militaire destinée à la jeunesse des classes laborieuses de notre pays.

La triste expérience que nous venons de faire, de l'impuissance des forces irrégulières et désordonnées contre les armées organisées, n'enlève rien à l'importance de l'élément moral dans la force d'une nation.

De lui on peut dire ce que Napoléon disait de la fortification passagère : qu'il est toujours utile, jamais nuisible, et souvent indispensable.

Jeunes gens qui étiez hier des enfants, qui serez demain des hommes, rappelez-vous ces paroles de notre chant patriotique : « *Allons, enfants de la Patrie, le jour de gloire est arrivé !* etc., » et songez que c'est bien vous qui êtes réellement appelés à défendre la patrie. Oui, jeunes hommes de 15 à 20 ans, enfants plus jeunes encore, c'est sur vous que le pays compte pour lutter de nouveau et, cette fois, remporter la victoire.

Vous vous rappelez le courage de vos aînés, le désespoir de vos pères, alors que tant d'hommes ont été s'exposer à la mort pour combattre l'envahisseur ? Ils se sont bien battus, leurs chefs leur ont donné l'exemple, ils ont fait tout ce qu'ils ont pu, mais ils ont succombé parce qu'ils n'étaient pas organisés, c'est-à-dire qu'ils n'étaient ni instruits, ni disciplinés, ni pourvus d'armes, de cartouches, d'habits, de tout ce qui est nécessaire à la guerre.

La faute en était à l'Empire, au gouvernement de Napoléon, qui n'avait pas su, ou voulu, armer et discipliner le peuple français. Maintenant nous sommes instruits par une cruelle expérience, nous avons des officiers, des armes, des munitions; vous apprendrez votre métier de soldat quand l'âge sera venu et, si vous faites votre devoir, nous sommes sûrs d'être vainqueurs.

Jeunes gens, vous voilà soldats, les riches comme les pauvres, la loi vous y force et vous l'approuvez de tout votre cœur; car, s'il y a une loi et des gendarmes pour la faire exécuter, ce n'est pas qu'on doute de votre bonne volonté, mais c'est qu'au dernier moment, à l'heure de partir, le cœur pourrait bien vous manquer, sans parler des mauvais conseils que vous pourriez recevoir. Vous êtes donc soldats pour vous battre, pour faire la guerre, pour vous exposer à la mort, pour souffrir de la fatigue, de la faim, des maladies, et il n'y a pas à dire que vous êtes assurés de faire votre service en garnison, en allant à l'exercice, le matin, une fois par jour, et en vous promenant dans les villes le reste du temps, bien nourris, bien vêtus, et faisant de l'œil aux filles. Non, vous ferez tous la guerre, un peu plus tôt, un peu plus tard ; mais sûrement, c'est impossible autrement.

N'est-ce pas que cela ne vous fait pas peur ? Les autres y ont bien été, ils ne sont pas plus malins que vous. Voilà ce que vous vous dites maintenant de loin, et vous n'avez pas tort ; mais quand vous y serez, vous aurez bien un peu la colique, personne n'y échappe, et puis aussi quelques-uns une larme dans l'œil, et vous seriez bien aises que ce fût fini avant d'être commencé. Eh bien ! c'est pour ce moment-là qu'il faut s'être fait une raison et cette raison, la voici :

1° La guerre n'est pas aussi dangereuse que l'on se l'imagine ; 2° il dépend de vous, en grande partie, d'en diminuer beaucoup le péril, pour cela il suffit d'être discipliné et d'envisager les choses en brave.

Dans la guerre de 1870 tant blessés que tués il n'y en a eu que 131,000, c'est-à-dire, environ 1 sur 10. D'ordinaire, ce n'est jamais plus que ça ; vous voyez que ce n'est pas grand'chose.

Quand il y a le choléra quelque part, on risque autant, et personne ne se dérange de son travail ou de ses habitudes. Ensuite ce n'est déjà pas si dur de mourir. Est-ce qu'il ne faut pas que nous y passions tous ? Et savons-nous si ceux qui restent ne seront pas plus malheureux que ceux qui sont morts, sans compter qu'ils meurent aussi et pas toujours gaîment ?

Et puis voyez-vous, jeunes gens, quand on est avec les camarades, sur le champ de bataille, par un beau soleil, et que la bataille est en train de se gagner, on n'est plus le même que chez soi, on se sent tout transporté, et on ne songe guère à la mort possible.

Oui, mais quand on est vaincu, qu'on n'a pas mangé depuis la veille, qu'on combat les pieds dans la neige, ah ! alors, j'en conviens, l'insouciance n'est pas aussi facile ; mais, si cela est arrivé, cela ne nous arrivera plus, je l'espère.

Quand on est Français, si l'on veut, on n'est jamais battu et même si l'on a fait son devoir, si l'on est vraiment homme, on tombe content parce que notre nature est ainsi faite, qu'on est content

partout quand on fait son devoir, qu'on n'a rien
à se reprocher. Savez-vous celui qui est malheureux de mourir ? C'est le lâche qui se sauve, qui
abandonne son poste, qui désobéit à ses chefs, et
qui reçoit un coup de fusil dans le dos.

Celui-là, s'il y a un enfer, il est encore sûr d'y
aller, par-dessus le marché ; tandis que l'autre,
le bon soldat, Dieu ferait un paradis exprès pour
l'y mettre.

Maintenant voyons le blessé, ou le malade, le
malheureux qui est là, dans une ambulance, où l'on
n'est pas toujours aussi bien soigné qu'il convien-
drait parce qu'il y a trop de monde, parce qu'on
ne peut pas faire autrement. Là on coupe des bras,
des jambes toute la journée, on emporte des morts
à côté de vous, ce n'est pas gai, je l'avoue, et
le médecin vous soigne vite, vite, parce qu'il y
en a tant à soigner. Eh bien ! là encore, l'homme
brave, courageux, qui a fait son devoir, est content malgré ses douleurs, il se dit : « Nom d'un
chien, tu n'as pas eu peur de l'ennemi, tu n'as
pas eu peur des boulets, et maintenant tu as peur
de mourir, dans ton lit, tu as peur qu'on te coupe

un bras, ou une jambe ? Mais tu n'es donc pas un homme, tu n'es donc pas un Français ?

Il se met à sourire et ne craint plus rien. Et puis, les grandes souffrances sont courtes, et bientôt on est transporté dans de bons hôpitaux, où on est soigné comme un enfant, par des gens bien mis, qu'on n'a jamais vus, mais qui, eux aussi, sont Français.

Jeunes gens, vous avez tous entendu dire du mal des riches, vous en entendrez dire encore bien souvent et tout ce qu'on dit n'est malheureusement pas faux; mais croyez que les riches valent bien les pauvres, qu'ils valent mieux qu'on ne voudrait le faire croire. Nous les avons vues à Paris, à Metz, ces belles dames, ces belles demoiselles, qui sont d'ordinaire si bien attifées, si bien gantées, si bien chaussées, qui ne vont qu'en voiture, avec leurs petits pieds et leurs grands talons, nous les avons vues venir nous soigner tout le jour, nous laver, panser les plaies les plus répugnantes, et se fatiguer à nous dire de bonnes paroles et à nous rendre les plus humbles services.

Elles n'avaient peur de rien : ni de la fatigue,

2

ni de la vue des plus horribles blessures, ni des maladies.

Il en est mort plus d'une qui était jeune, riche et jolie et aurait pu se promettre cinquante ans d'une vie de plaisir !

Il y a des riches et des pauvres, c'est peut-être malheureux, mais c'est comme cela et vous ne le changerez pas de longtemps, car Dieu l'a voulu. Mais le riche et le pauvre ne sont point ennemis, ceux qui vous le disent sont des menteurs, et, s'ils étaient riches, il n'y en aurait pas de plus durs pour le pauvre monde. Les riches servent à diriger les pauvres et à leur faire part de leurs richesses.

C'est comme les officiers dans l'armée, vis-à-vis des soldats; maintenant je vous accorde qu'il y a de mauvais riches, comme il y a de mauvais officiers; mais de ceux-ci, heureusement, il y en a peu, et il faut les punir et les dégrader.

Les malades seront donc bien traités, et s'ils restent estropiés, ou infirmes, le pays aura soin d'eux, ils peuvent y compter, nous avons un bon gouvernement qui sait ce qu'il doit à chacun et aucun de ceux qui auront souffert, pour le pays, ne manquera de pain par sa faute.

Nous avons vu le danger, voyons maintenant le remède.

Et d'abord si on est vainqueur, tout est facile, le danger diminue et on a tout en abondance. Eh bien ! les qualités qui diminueront vos dangers sont les mêmes qui vous donneront la victoire. Les voici :

Il faut être discipliné et brave.

A la maison, aux champs, à l'atelier, vous avez vu qu'il faut quelqu'un qui commande, si tout le monde donne des ordres, et que personne n'obéisse, alors rien ne marche, on fait de la mauvaise besogne ou on n'en fait pas du tout.

A l'armée, c'est encore bien autre chose. Il faut qu'on obéisse à la minute, sans dire un mot, sans faire une réflexion. Vos chefs obéissent, comme vous, aux ordres du général qui lui, et lui seul, sait ce qu'il faut faire et ne peut pas le dire parce que ce serait trop long, qu'on n'y comprendrait rien, et que l'ennemi le saurait.

S'il y en avait quelques-uns n'obéissant pas

pour une raison quelconque, d'autres en feraient
autant, par bêtise, sans savoir pourquoi et on ne
pourrait plus rien faire ; l'ennemi arriverait et on
serait battu.

Mais si le général se trompe ?

Eh bien ! mes amis, s'il se trompe, cela n'y fait
rien, vous devez obéir tout de même, d'ailleurs il
vaut souvent mieux faire une faute, que de ne
rien faire du tout, et si le général se trompe une
fois il ne se trompera pas deux.

Prenons un exemple :

Le général ordonne d'attaquer un village à
droite, côté où il y a des canons, un terrain découvert, au lieu de faire attaquer à gauche où il
y a un chemin creux par lequel on pourrait arriver sur l'ennemi, sans qu'on s'en doutât. Je suppose que tout le monde le comprenne et que, sans
écouter le général, on se dirige à gauche, le résultat pourrait être bon, seulement vous sentez
bien d'abord que c'est impossible, s'il y en a qui
prennent à gauche, beaucoup iront à droite,
d'autres resteront en place, on ne sera pas en
force, et on sera battu.

Supposez, par impossible, que ça réussisse, on perd beaucoup de monde, qu'on aurait pu épargner, mais on prend le village ; une autre fois le même cas se présente, les finauds se disent : « C'est bon, on ne nous y repincera plus ; cause toujours, mon vieux, nous filons par la gauche! » Et crac! voilà qu'ils tombent dans une embuscade dont le général se méfiait et sont tous tués, jusqu'au dernier.

Un autre exemple : On vous distribue des ceintures de flanelle et on vous ordonne de les porter. Il fait une chaleur atroce, vous n'avez pas l'habitude d'en avoir, cela vous gratte la peau, vous les jetez au diable, et vous êtes contents d'avoir nargué vos chefs ; vous raillez même les peureux, qui, par crainte du capitaine, se sont serré le ventre avec la bande de laine. Oui, mais arrivent des nuits fraîches, et vous voilà avec la diarrhée, la dyssenterie, et ceux que vous traitiez d'imbéciles n'ont rien, pas la plus petite indisposition.

Il en est ainsi d'une foule de prescriptions dont vous ne pouvez comprendre l'utilité tout de

suite, mais qui sont faites pour votre bien, soyez-
en sûrs. Du reste, que vous compreniez, ou que
vous ne compreniez pas l'utilité de la discipline,
de l'obéissance, il faudra bien vous y soumettre ;
sans elles il n'y a point d'armée, pas de victoires
possibles. Les Prussiens sont très disciplinés,
c'est ce qui fait leur force. Vos officiers ne vous
passeront rien, attendez-vous bien à cela, ils ne
toléreront jamais la moindre désobéissance. En
revanche ils feront tout ce qui dépendra d'eux
pour le bien de leurs hommes ; car, s'ils n'agis-
saient pas ainsi, ils ne mériteraient pas leur
grade.

Autrefois on disait : « Pas d'argent, pas de
suisse. » Maintenant, grâce à Dieu ! on ne sert pas
pour de l'argent, mais on peut dire : « Pas de
discipline, pas d'armée. » Les troupiers, en général, les soldats français surtout, aiment à manger la soupe la plus grasse possible, et à y mettre
beaucoup de légumes ; c'est bien naturel et on ne
le leur reproche pas ; mais quand l'administration
n'a pu donner qu'un mauvais morceau de viande,
sans légumes, au lieu de s'en contenter, ils vont,

volontiers, à la maraude, piocher les pommes de
terre dans le champ voisin (cela s'appelle cha-
parder). Il semble qu'il n'y ait pas grand mal à
cela; eh bien! rien n'est plus funeste .et ce doit
être sévèrement puni. Un homme qui a réussi à
faire un bon repas, par ce moyen, ne songe plus
qu'à recommencer,

En arrivant, au lieu de s'occuper de sa tente,
de ses armes, de ses habits, il court à la maraude
et, si son chef le rappelle, il ne l'écoute pas;
ensuite il raconte ses exploits aux camarades et
chacun veut s'en mêler; on ne reste plus au
camp, on ne soigne plus son fusil, on prend l'habitude de ne penser qu'à son ventre et, quand
l'ennemi arrive, quand on ne peut plus marau-
der, on se fait du mauvais sang parce qu'on
n'est pas bien nourri et on tombe malade; on fait
mal son service parce qu'on est devenu mal-
propre et négligent et on est battu.

La seconde qualité, c'est le courage. Il y en a
deux espèces : celui du champ de bataille quand
le brutal tonne et qu'on est sous l'œil des camarades; celui-là est relativement facile, tout le

monde l'a, ou à peu près; d'ailleurs les lâches
qui se sauvent sont pris par les gendarmes et
fusillés. L'autre espèce, c'est le courage à sup-
porter les fatigues et aussi les reproches. C'est là
ce qu'il y a de plus dur pour le soldat; toujours
marcher, être mal couché et mal nourri et, par
surcroît encore, recevoir des réprimandes, quel-
quefois mal à propos.

Là-dessus il faut se faire une philosophie, ce
n'est qu'un temps à passer, ça ne sert à rien de
se plaindre, on n'en serait pas mieux ; si une fois
le sergent s'est trompé en vous reprochant quelque chose il ne faut pas lui en vouloir; qui est-ce
qui ne se trompe pas ? Une injustice de ce genre
ne peut jamais être bien forte ; on connaît bien
vite son monde et le sergent sait parfaitement si
tel ou tel est capable ou non de commettre de
grosses fautes. Dans tous les cas, on peut réclamer
au capitaine qui vous écoute, si cela en vaut la
peine et si on ne fait pas la mauvaise tête.

Maintenant vous entendez dire : tout cela, c'est
bon pour le soldat ; le pauvre diable est mal
chaussé, mal nourri, marche à pied, portant son

sac et, s'il grogne tant soit peu, l'officier bien
nourri, bien couché, qui a un cheval et deux
hommes pour le servir, vous le traite comme un
chien. Encore une fois, mes amis, ne croyez pas
ceux qui vous tiennent ce langage, ils ne pensent
pas eux-mêmes ce qu'ils disent. Les officiers sont
préoccupés, avant tout, d'être justes et de bien
traiter le soldat ; non seulement c'est leur devoir,
mais c'est bien leur intérêt ; car une troupe bien
commandée, bien soignée, fait honneur au chef.
Quant à leur bien-être, il faut qu'ils soient bien
nourris, bien vêtus et non fatigués, car ils ont à
penser pour vous tous, à écrire des rapports en
arrivant, à étudier la nuit, dans leur tente, le pays
où on doit passer le lendemain. Ils sont plus
vieux que vous et, par conséquent, pas aussi robustes et, au jour du combat, il faut, dans une
alerte, dans les moments difficiles, qu'ils aient
toutes leurs forces ; car, ce jour-là, ils se fatigue-
ront plus que vous. Dans l'armée, les officiers
sont ce que les riches sont dans la société ; mais
je l'ai déjà dit, dans l'armée il n'y a que de bons
riches, les autres on les met à la porte. Les offi-

ciers ne profitent de leur position que pour le bien commun, rendre à chacun ce qui lui est dû, récompenser et punir selon le mérite, commander le mieux qu'ils peuvent, toujours donner l'exemple.

Savez-vous quelle est la proportion des officiers tués par rapport aux soldats ? Elle est de 5 pour 1, c'est-à-dire que, si sur 10 soldats il y en a 1 de tué, sur 10 officiers, il y en a 5. Quand on a l'honneur de commander à des hommes, à des compatriotes, à de braves jeunes gens qui aiment leur pays, et qui veulent bien faire, on est fier, enthousiasmé, on aime sa troupe et on fait des miracles pour elle.

Ainsi le courage assure la conservation de l'homme dans le courant de la campagne et donne la victoire sur le champ de bataille, mais encore une fois à la condition qu'il soit uni à la discipline; car avec de la discipline le courage des chefs peut, à la rigueur, remplacer un peu celui des soldats ; par contre, avec du courage seulement, sans discipline, on ne peut absolument rien faire à la guerre. Ainsi avant tout, jeunes gens, préparez-vous à être disciplinés et à être courageux. Or, pour acquérir ces deux belles qualités, la discipline et le courage, il ne faut qu'une chose : avoir du patriotisme.

Aimer la patrie, c'est bien comprendre vos intérêts, c'est vouloir que l'ennemi ne vienne plus brûler vos villes et vos villages, ruiner vos familles, saccager, piller vos maisons ; c'est vouloir que notre âge mûr, notre vieillesse, la vie de nos enfants ne soient plus troublés par des famines, des pestes, des impôts écrasants, des guerres continuelles. Soyons donc patriotes! nous serons braves et disciplinés et nous aurons la victoire ; et après la victoire la paix bienfaisante, c'est-à-dire du travail pour tout le monde, de l'aisance sur nos vieux jours, de l'instruction pour nos enfants ; et nous aurons fait un pas de plus vers cette fraternité, vers l'égalité que d'autres vous prêchent d'obtenir par la violence ; mais qu'on n'acquiert que par le temps, le travail et la bonne volonté.

Et tous ces biens, il vous faudra, peut-être, un an, six mois seulement d'efforts et de dangers pour y atteindre. Qu'est ce que cela pour qui ne craint pas la mort? Et la mort, vous ne la craindre pas parce qu'aucun Français n'en a peur, parce qu'on est fier de la subir pour la patrie, qui adoptera, après vous, votre famille et consacrera votre souvenir jusque dans le plus pauvre village !

Pour la France, pour la patrie, il n'est point d'obscur citoyen ; quiconque a fait son devoir vaut autant, aux yeux de tous, que le plus riche ou le plus puissant. La patrie, c'est le peuple, vous êtes le peuple, vous voulez une même chose : l'amélioration de votre sort par le travail, vous voulez la grandeur de votre pays et sa victoire; car ce n'est que par sa grandeur, par sa victoiré, qu'il sera assez fort pour faire atténuer les injustices que le sort a fait peser sur vous.

Réunis sous les drapeaux pour la plus belle et la plus sainte cause, vous y trouverez, pour vous commander, ceux qui, déjà, étaient au-dessus de vous à l'école et à l'atelier. Vous verrez que ces fils d'artisans enrichis, de marchands, de bourgeois, ne sont pas des ennemis, mais des frères, plus instruits que vous, mieux partagés de la fortune et qui, par cela même, se croient tenus à mieux faire, à donner l'exemple, à se sacrifier les premiers. Vous verrez qu'à l'armée, c'est le plus digne qui commande, celui qui sait et qui veut. Puis après avoir été associés aux mêmes dangers, aux mêmes espérances, vous continuerez dans la vie, au sortir de l'armée, cette union si désirable de toutes les classes, qui n'est encore possible que dans notre beau pays de France et qui s'y réalisera aussitôt que la lutte pour la patrie aura fait disparaître une absurde méfiance réciproque.

FRAGMENTS PHILOSOPHIQUES

Je suis homme ; c'est pourquoi, en vertu de ma
nature, je m'intéresse à votre sort, vous qui êtes
hommes comme moi. Je ne vous cacherai point
que je désirerais faire mon bonheur en même
temps que le vôtre, et que si, par impossible, mes
bons conseils me rapportaient l'aisance et l'estime, je n'en serais que plus satisfait de vous les
avoir donnés. Il ne faut pas se faire meilleur que
l'on n'est, et, entre nous, je vous engage à vous défier de qui prétend qu'il se sacrifie au bonheur du
peuple. L'homme, jusqu'à ce jour, n'est bon et bien-
faisant que lorsqu'il est repu, et on a mauvaise
grâce à prétendre qu'on offre du pain lorsqu'on a
encore le ventre creux. Aussi mon premier conseil
sera-t il de vous remplir l'estomac, de boire un
verre de vin si vous pouvez, après quoi nous avise-

rons au moyen de n'en pas manquer à l'avenir. Mon but est de raconter en gros les malheurs de l'humanité et d'indiquer à chacun ce qu'il doit désirer pour les éviter et améliorer son sort et celui de ses enfants. Or donc, bons enfants, mes amis, laissez-moi vous exposer, en matière de préambule, c'est-à-dire de préparation, d'entrée en matière, quelle est de nos jours, en 1875, la condition de la plupart des hommes:

1° Tous s'ennuient, se jalousent, se méfient les uns des autres et ont peur de quelque chose : du diable, du créancier, du gendarme ou du voisin;

2° Quatre vingt-dix-neuf sur cent ne boivent pas de vin et ne mangent pas de viande ; en voulez-vous la preuve? Le troupier français, qui passe pour bien nourri, ne reçoit de vin que le 14 juillet, qu'une fois l'an, et il a un sou par jour pour s'en approvisionner le reste de l'année, ainsi que de tabac et de tout ce dont il peut avoir envie. Il est vrai qu'il mange une sorte de viande, mais quelle viande ! ce qui n'empêche pas un bon nombre de jeunes gens de mourir de faim chaque année à leur entrée au service;

3° Une bonne moitié des hommes ne sait ni lire, ni écrire, ni compter, par suite est bien forcée de croire sur parole ceux qui lisent les journaux, passent leurs actes et chiffrent ce qu'ils doivent ;

4° Presque tous perdent les trois quarts de leurs enfants en bas âge, cela ne fait peut-être pas grand'chose aux pères, mais demandez aux mères ce qu'elles en pensent.

Je n'ai pas besoin de rappeler, en même temps, combien il y a de moribonds, d'idiots, de malades ; c'est au point qu'on ne pourrait pas montrer quelqu'un qui ait vécu 30 ans sans souffrir ;

5° Pour gagner tout juste de quoi vivre, les uns dans les mines passent 15 heures par jour sous terre, exposés aux éboulements, aux inondations, aux explosions ; les autres se brûlent à des fournaises, deviennent perclus de rhumatismes dans des caves, se contrefont assis et courbés tout le jour dans une atmosphère empestée. Le paysan, plus heureux, se lève à 3 heures en été et se couche après 9 heures pour la moisson ; il fend le bois ou taille les fossés par la neige, fauche dans l'eau et vendange en plein soleil. Il y a donc des gens qui vivent sous terre, ployés en deux dans des galeries humides; d'autres qui gagnent leur pain en remuant des excréments, ou en dépeçant des charognes, d'autres enfin qui consentent à être laquais.

Mais, direz-vous, à côté des misérables, il y a pourtant des heureux, des gens qui ont de beaux appartements bien chauds l'hiver, bien frais l'été, une bonne table bien servie, des équipages et des valets! D'accord, mes amis, mais ne croyez pas que ces gens-là soient réellement heureux : d'abord ils n'échappent ni aux maladies, ni aux épidémies qu'engendre la pauvreté, puis ils sont assez niais pour se créer des soucis. Ces billets de banque dont est bourré leur portefeuille, il leur faut un travail acharné et une préoccupation perpétuelle pour les conserver et les accroître, car la justice a voulu que, plus ils en ont, plus ils veulent en acquérir pour sacrifier davantage à leurs vanités et à leur orgueil. Les uns, banquiers, jaunis comme leurs quittances, calculent et écrivent sans cesse, dévorés d'inquiétude, prenant à peine le temps de dormir et de manger; les autres, avides de pouvoir, vont, dès l'aube, faire antichambre chez un ministre, et passent leurs jours à dévorer des affronts; tel enfin qui a cinquante mille francs de rente et veut un ruban se fait marin pour manger du lard salé pendant six mois et aller périr de la fièvre jaune aux Antilles. La bêtise humaine venge ainsi les misérables. Mais ne croyez point, mes amis, que l'humanité soit malheureuse à cause des riches et surtout ne vous imaginez pas qu'ils vaillent moins que les autres. A leur place vous ne feriez pas mieux qu'eux, et si vous employiez tout votre travail pour vous-mêmes, vous ne seriez guère plus avancés au bout de l'année. La misère générale a d'autres causes. C'est une triste condition des débuts de l'humanité; la nature l'a infligée à nos pères; ils ont souffert pour nous. Maintenant il dépend de notre prévoyance de l'alléger pour nos fils. Je voudrais vous dire comment, mais je ne peux m'y prendre que d'une façon, c'est en montrant ce qui a eu lieu dans le passé pour l'éviter à l'avenir; et, comme tout mal résulte d'une lutte, d'une guerre, j'intitule mon discours : *Histoire de la Guerre*. Un anglais, Malthus, qui écrivait il y a soixante-dix ans, a formulé ainsi, à peu près, la cause des malheurs de l'humanité : les hommes, comme tous les êtres vivants, ont une tendance à se reproduire le plus possible, le nombre des mâles étant égal à celui des femelles ; car l'instinct sexuel amène assez de rapprochements pour que les femelles ne chôment jamais. D'un autre côté l'esprit de l'homme n'a pas su augmenter les ressources alimentaires en proportion de l'accroissement de l'espèce, soit qu'il n'ait pas eu l'esprit assez inventif, soit qu'il n'ait pu faire de ses forces un emploi judicieux. Par suite, à chaque époque, l'excès de croissance a disparu violemment, et les circonstances ont fait cruellement expier aux hommes leur empressement à peupler la terre. Diminuer la population serait donc le remède à tous les maux de l'humanité. Sans doute, quand un repas limité est servi à trop de convives, tous ne mangent pas suivant leur faim ; et, le monde étant donné, une égale répartition sera d'autant plus avantageuse qu'il

y aura moins de copartageants. Mais est-ce le
nombre des hommes qui influe sur la répartition,
ou est-ce l'inégale répartition qui développe
l'excès de population? Où est l'effet? Où est la
cause? Ne serait-ce pas la violence qui, formant
des esclaves dénués de tout et les multipliant à
outrance comme un bétail utile tant qu'il rap-
porte sa vie et quelque chose de plus, aurait
ainsi engendré la disproportion entre le nombre
des hommes et leurs moyens d'existence et rendu
ainsi difficile et injuste la tâche de réparation et
de justice que nous poursuivons? C'est ce que je
vais chercher avec vous, en examinant ce que
raconte l'histoire.....

On est étonné lorsqu'on songe au nombre con-
sidérable d'hommes distingués d'une époque qui
disparaissent sans laisser, pour ainsi dire, de
traces malgré leurs nombreux écrits.

On est confondu lorsqu'on songe à l'innom-
brable quantité de travaux qui se produisent, à
chaque époque, sur le même sujet, sous l'influence des mêmes doctrines. De ces écrits, les
uns célèbres, les autres estimables, la plupart

médiocres, un certain nombre sont conservés par les bibliothèques, mais aussi beaucoup disparaissent avec les papiers que chaque héritier détruit en prenant possession de son héritage. C'est comme un humus intellectuel formé par la chute des feuilles à chaque renouvellement de saison; le vent en disperse la plupart tandis que les autres restent sur le sol, transformés en détritus impalpables, pour y former une couche, ou plutôt un élément d'une couche de terre végétale, qui, un jour, produira de nouvelles moissons et de nouvelles forêts.

La vie intellectuelle, de même que la vie physique, se présente à nous comme l'intégration d'une infinité d'efforts. La nature est forcée d'être extrêmement prodigue pour assurer la perpétuité, ou mieux la continuité de ses formes. Les mondes habitables sont perdus au milieu de l'infini des nébuleuses.

Le marbre ou le calcaire est le produit accumulé d'un nombre infini d'animalcules ensevelis par couches successives au fond des mers. Le germe de la plante qui commence à pousser est le seul qui ait réussi parmi des milliards de germes semblables, dispersés par les vents ou stérilisés par les conditions de leur chute. L'animal ne procrée qu'après avoir dépensé des millions d'atomes vivants qui n'ont pas rencontré la combinaison favorable à la vie.

Chez un seul peuple, des millions d'êtres meurent avant d'avoir contribué à la vie nationale. Dans l'univers, les nations entassent obscurément leurs ruines, pendant des siècles, avant qu'il ne se produise un grand empire ayant le cachet d'une organisation nouvelle, marquant une étape dans le développement de la civilisation. La sorcellerie, la métaphysique, la politique ont occupé et occuperont encore des milliers d'intelligences avant de dégager l'esprit humain de ses limbes pour lui faire parcourir la carrière de la science positive, et ce n'est qu'après une multitude d'efforts simultanés, ignorés ou stériles, qu'on arrive à une découverte féconde.

PENSÉES ET RÉFLEXIONS

—

— Mort, qu'es-tu ? Demain tu me compteras parmi les victimes; qu'aujourd'hui j'en profite pour mépriser la vie et aimer la vertu !

Le monde est-il donc une illusion pénible, un sombre cauchemar ? Rien de plus !

Le mal règne; mais il est nul par rapport à l'infini du néant.

Que faire ? Vivre ou mourir ?

Attendons et détachons-nous de ces misères qui ne sont rien. En fait de chimères embrassons la plus belle : le dévouement, le sacrifice; arrivons, s'il se peut, à l'enthousiasme, grâce auquel il n'est plus de douleurs, presque plus d'attaches physiques, plus de nature humaine; transformons-nous en dieux, puisqu'il est si dur d'être homme.

La vie est courte et l'art est long; à quoi bon courir après un faible bien-être, alors qu'on n'a pas trop de tous ses instants pour atteindre la satisfaction de ses goûts dominants.

Être heureux, être raisonnable, c'est choisir parmi ses passions la plus noble, et la faire profiter de tout ce qu'on retranche aux autres.

Suivre ses fantaisies intellectuelles, n'est-ce pas mieux que de se torturer l'esprit dans de misérables occupations pour un mince avantage?

Rectifier les fausses opinions, fortifier les véritables, s'exciter au bien par la représentation continuelle des motifs de le pratiquer, tel est le but de cet écrit :

Première partie : Maximes et réflexions succinctes. Une *deuxième partie* serait consacrée à recueillir de belles pensées dans les écrits des moralistes.

1° S'estimer, *être content de soi,* c'est posséder le vrai bonheur et la vertu.

Elever le taux de son estime, c'est le plus noble progrès de l'esprit, de l'âme ; l'âme est ensemble de choses intimes qui ont trait au caractère et au cœur ;

2° Résister à la pression des opinions d'autrui, comprendre que chaque homme a sa manière de penser et de parler.

L'approbation universelle n'est pas possible, tout au plus peut-on admettre l'illusion de la sympathie générale pour celui qui est indulgent et bienveillant à tout le monde ;

3° Ne pas prendre pour une vocation l'apparition d'un fantôme de l'imagination.

Se défier de sa mobilité et de son impressionnabilité, *ajourner à huitaine toute résolution et toute opinion* ;

4° Suivre résolument et laborieusement l'étroit sentier d'une spécialité déterminée, *s'en remettre aux circonstances,* de la rencontre du talent, de la fortune et du bonheur (félicité externe).

Il n'y a point de honte à n'être pas intelligent, il y en a à ne pas se rendre compte de la portée de son esprit.

Un homme médiocre qui sait ses limites et s'y tient, peut se rire de celui qui, avec une plus grande compréhension, manque de mesure.

Travaillez et réfléchissez, puis agissez hardiment, si vous devez agir, ou s'il vous est prouvé que vous pouvez le faire.

Dans le premier cas, vous avez satisfait au devoir; tant pis si un autre eût pu mieux faire; dans le second, vous êtes sûr d'un heureux résultat.

On n'est heureux que par la vertu, c'est-à-dire par l'effort pour atteindre un but honnête.

Vivre en voluptueux insouciant n'est pas au pouvoir de l'homme; si cela se pouvait, ce ne serait plus en restant honnête; car l'absence de résistance et d'effort dégrade l'homme et l'expose, désarmé, à toutes les aberrations de la conscience

Qui que tu sois, mille dangers te menacent, le choléra, un incendie, une chute de cheval, une fièvre, un duel, il n'est pas de précaution par laquelle tu puisses répondre de conserver la vie, seulement dix minutes et, fusses-tu assez habile pour éviter les accidents, tu n'échapperas ni à la vieillesse, ni à la mort ?

Que crains-tu donc ? Et pourquoi hésiter à exposer un bien si peu assuré ?

Sachons donc jouir des biens de la vie, avec la pensée, toujours présente, que nous pouvons les perdre dans une heure.

Représentons-nous que, dans la vie, l'ordinaire est d'être misérable et l'exception d'être heureux.

Une seule chose ne nous manquera pas : c'est le néant inévitable de la mort, et cela seul compense tout le reste : contrariétés, chagrins et douleurs viendront s'y perdre avec ennui, tristesse et dégoût.

Mettons notre principale satisfaction à accomplir ce que nous avons projeté dans un but louable; la volonté se fortifie par l'exercice, et c'est par la volonté qu'on s'élève dans l'humanité.

Considérer sa vie comme terminée au point de vue des satisfactions personnelles.

Poursuivre un but désintéressé, vivre pour les

autres, en se contentant d'éviter la souffrance et les tracas d'esprit, se préparer à quitter la vie sans regrets, ou plutôt préparer les siens à vivre raisonnablement et heureusement après soi, prendre de bonnes dispositions, donner de bons conseils.

Il existe deux nobles tâches à remplir :

1° Montrer aux classes dirigeantes qu'elles doivent s'occuper incessamment d'améliorer le sort de tous; là est pour elles la sécurité et la prospérité;

2° Enseigner aux classes dirigées quels sont leurs vrais besoins, quelle doit être la mesure de leur résignation, l'étendue de leurs prétentions, la nature de leurs consolations morales.

Combien il leur importe d'affirmer énergiquement leurs droits, tout en restant calmes et justes.

Comment doit-on désirer mourir ?

Que réserve l'avenir ? Que faire contre les dispositions naturelles ?

Une chose difficile : trouver une bonne direction. Une plus difficile : la suivre.

Remède contre la tristesse.

Lorsqu'on n'est pas satisfait, s'occuper du bonheur des autres ; les préoccupations désintéressées seules ont le pouvoir de guérir les plaies de l'amour-propre.

La douceur, l'exercice de la bienveillance dépassent, de beaucoup, l'amertume des déceptions de la vanité.

ÉTUDES SOCIOLOGIQUES

HEURES DE SOLITUDE DANS LA CAPTIVITÉ

15 novembre 1870. — Je suppose que bientôt
notre bonne et douce France verra le terme de
ses douleurs. Affaiblie dans sa puissance guer-
rière, amoindrie dans son territoire, mais forti-
fiée dans sa puissance civilisatrice, agrandie dans
son autorité morale, elle aura à choisir son nouveau rôle dans l'histoire de l'humanité, et, pour
moi, ce choix ne saurait être douteux.

Que d'autres lui conseillent l'impitoyable ran-
cune du droit contre la force, la haine et la ven-
geance, à nous qui osons nous élever au-dessus des
vertus sauvages, il appartient de conseiller l'oubli,
la paix et la fraternité ! C'est par la concorde,

c'est par la fermeté dans la douceur que s'est ac-
complie la grande révolution du christianisme;
c'est par ses moyens que s'accomplira la révolution qui doit clore les temps modernes.

Le christianisme a appelé tous les hommes à
une commune patrie après leur mort, à l'égalité
d'outre-tombe; la philosophie moderne leur don-
nera une commune patrie sur cette terre et l'égalité pendant la vie.

La France s'est débattue dans des luttes reli-
gieuses, elle doit à cette cause des divisions politiques qui ont amené tous ses revers, mais elle
y a gagné d'arriver la première à la saine philosophie. Puisse cette philosophie, maintenant que
sont tombés les derniers vestiges des entraves du
passé, maintenant que la réalisation de l'Eglise
libre dans l'Etat libre permet la discussion et appelle la lumière, puisse cette philosophie s'établir
solidement et universellement, et donner à notre
patrie l'unité mentale qui lui fait défaut, unité
sans laquelle sont nulles celles de la langue et des
mœurs ! Alors la France méritera vraiment le
nom d'institutrice des peuples, elle les guidera

dans la voie du véritable progrès, et si jamais, un jour, sa race et sa langue doivent disparaître, au moins son souvenir vivra-t-il glorieux et respecté dans l'humanité tout entière.

La science n'a pas encore prononcé sur les destinées véritables des peuples, les grandes lois de l'histoire sont à peine ébauchées, les maîtres n'ont point encore révélé la vérité; il est donc permis à un humble disciple de s'abandonner à son inspiration pour esquisser ce qu'il croit comprendre de la destinée humaine, individuelle et sociale.

5 décembre. — L'humanité se développe suivant certaines lois; l'homme se transforme d'âge en âge, lentement, il est vrai, et entre des limites déterminées; mais il progresse et ces limites nous ne les connaissons pas. Ouvrons donc un libre champ à nos aspirations vers l'idéal, osons dire que nos désirs, que nos rêves sont la manifestation d'un germe qui est en nous et qu'il nous appartient de développer.

Repoussons les théories égoïstes qui s'appuient sur l'invariabilité de la nature humaine, pour la condamner à une invariable perversité. Non, cette nature n'est pas invariable, ni surtout invariablement mauvaise et, pour nous en convaincre, voyons ce qu'était l'homme aux premiers âges de l'histoire, voyons ce qu'il est aujourd'hui. Laisson· le côté ces populations misérables, entièrement assujetties aux besoins du corps, plus voisines de l'animal que de l'homme, et dont le type s'est conservé jusqu'à nos jours dans quelques peuplades de l'Océanie.

Ainsi probablement étaient nos ancêtres au temps dont la tradition, seule, a gardé le souvenir, et que l'histoire enregistre sous le nom d'âges fabuleux, de temps héroïques.

Prenons l'humanité déjà en pleine civilisation sur quelques points, le monde, à l'époque d'Alexandre, et voyons ce qu'alors était l'homme civilisé. L'état de l'homme, à cet âge, l'état du meilleur citoyen libre et vertueux d'une république de la Grèce, est, par rapport à nous, un état d'ignorance, de superstition, de cupidité, de férocité; ce philosophe, qui tient école et disserte tout le jour, se figure la terre comme un plateau

bordé par le fleuve Océan et sur lequel repose la
calotte de cristal du firmament; ce sage, qu'on
accuse d'avoir blasphémé les dieux, à son lit de
mort, il sacrifie un coq à Esculape; ce citoyen,
réputé intègre, ne se fait aucun scrupule de pui-
ser dans le trésor public, pour ses besoins, et
dans celui des alliés pour ceux de la cité; cet
homme juste, généreux et accessible à la pitié, a
vingt esclaves qu'il torture pour son caprice et
fait tuer pour la moindre faute, il a une femme
et des enfants dont il dispose comme d'un bétail;
dans les conseils de la cité, il est d'avis de main-
tenir éternellement dans la servitude les colonies
fécondées par le sang de ses concitoyens, le
même qui coule dans ses propres veines; à la
guerre, il égorge sans remords un ennemi désarmé, un barbare qui, pour lui, n'a d'homme
que l'aspect.

Dans quelles limites cet homme est-il donc
juste et charitable? Dans les limites étroites de sa
caste et de sa ville, et encore sa justice et sa charité ne sont pour nous qu'injustice et dureté.

Prenons une autre époque plus rapprochée de

nous, qui ait subi l'influence bienfaisante de la philosophie stoïcienne du christianisme et de l'avènement de la liberté de penser.

Voyons ce que c'est qu'un honnête homme, un homme de bien, au temps de Henri IV, il y a trois siècles. Il répugne à admettre, avec le novateur Copernic, que ce puisse bien être la terre qui tourne et non le monde entier, il est persuadé que le sort de sa vie tout entière dépend de la constellation qui a présidé à sa naissance; il tient pour démontrer que les hommes sont classés par Dieu même en nobles et vilains, en maîtres et serfs; dans sa famille, il n'admet ni observation, ni conseil et, de ses enfants, il ne connaît qu'un seul : celui qui doit continuer son nom, que ce soit dans un manoir ou dans une échope, pour lui, piller à la guerre est un acte légitime, acquérir, tuer pour son honneur est un droit, tuer pour son Dieu, un devoir.

Voilà ce qu'étaient les meilleurs de nos pères; le moindre de nous ne vaut-il pas mieux?

L'ordre des qualités qui se développe dans la suite des siècles, c'est l'ordre des qualités sociales, des qualités utiles à l'ensemble ; à mesure que le temps s'écoule, la sphère sociale s'agrandit et, en même temps, la subordination de l'individu à l'ensemble se fortifie ; de la famille, on passe à la cité, de la cité, à la patrie, de la patrie, à la race, de la race, à l'humanité ; nous n'avons pas encore été plus loin. L'hómme est successivement despote dans sa famille, ambitieux dans la cité, guerrier dans le pays, cupide dans la rue et enfin simplement égoïste quand il envisage l'ensemble de ses semblables. Or, tout progrès individuel, compatible avec le progrès de l'ensemble, est possible, partout réalisable et il dépend de notre volonté de l'effectuer.

Cherchons donc ce que peut être une humanité meilleure et, prenant un hómme dans cette humanité, nous aurons en lui le type que nous devons aspirer à réaliser. La guerre a disparu ; les hómmes ont une législation commune et un langage commun qui servent à relier tous les peuples et à former la base de leurs institutions respectives, et la tradition de léurs idiomes particuliers.. Laissant, provisoirement, de côté

les peuples inférieurs en civilisation, voyons
quelles seront les conditions auxquelles pourront
s'unir les peuples qui ont une civilisation du
même ordre, de même nature. Nous partons de
ce principe qu'ils devront être aussi semblables
que possible; il suffira donc d'examiner les diffé-
rences provenant de causes suffisamment pro-
fondes pour persister pendant une durée plus
grande que celle sur laquelle peuvent, raisonnablement, s'exercer nos prévisions. La plus grande
sera sans doute la langue; ce sera la première
que l'éducation tendra, systématiquement, à faire
disparaître; en second lieu, les aptitudes de la
race; celles-ci seront modifiées également par
l'éducation; enfin les conditions de climat, de
situation géographique, conditions de milieu qui
entraînent les conditions spéciales de l'industrie.
Or, l'humanité a trois ordres principaux de développement : le développement scientifique et
philosophique, le développement industriel et
l'artistique. Examinons ce qui pourra être commun à toutes les nations dans chacune de ces
branches. Mêmes sciences et même philosophie

pour tous, cela va sans dire; c'est là où nous entraîne, d'abord, le grand courant du progrès, c'est là où nous arriverons, nécessairement. La conséquence en est, pour le présent, la séparation de l'Eglise et de l'Etat, et, pour l'avenir, l'affranchissement de la pensée, c'est-à-dire la liberté absolue de la presse, le droit illimité de réunion et d'association; chacun n'est responsable que de ses actes, par voie de répression et non de prévention.

Dans le développement industriel, nous trouvons encore un grand principe qui se dégage chaque jour plus nettement, et qui découle de l'exclusion de tout fatalisme, de l'opinion, de jour en jour mieux établie, que l'homme est absolument libre de tirer parti, à son gré, des forces de la nature; que son empire, sur les choses, ne lui est contesté par aucune puissance occulte, supérieure à la sienne.

La conséquence, dans le troisième ordre, est le libre échange complet qui entraîne l'unité de poids, de mesures et de législation commerciale. Voyons ce qui est propre à ce troisième ordre,

celui que nous avons principalement en vue
dans l'examen des rapports internationaux. Dans
chacun des deux premiers, il s'agissait de l'individu considéré d'une façon abstraite, et la règle
était la liberté, c'est-à-dire l'indépendance des
choses fictives ou réelles. Maintenant il s'agit de
l'individu, considéré d'une façon concrète, objec-
tive à l'état social, par conséquent de la subordination de la liberté individuelle à la liberté
collective, ce qui embrasse deux classes de phénomènes, les phénomènes politiques et les phénomènes moraux; les uns objectifs, les autres
subjectifs, l'état moral, les mœurs, n'étant que
l'acquiescement de l'individu, du sujet, aux dispositions objectives de l'état politique. Il suffit
donc de considérer les dispositions politiques.

Sous ce nom on confond aujourd'hui toutes les
attributions gouvernementales; mais elles sont de
deux espèces bien différentes, les unes réellement
politiques, gouvernementales, indispensables à la
constitution d'une société, les autres adminis-
tratives, dont l'office pourrait être aussi bien
rempli par l'action concordante dérivant d'un

quelconque des groupes inférieurs à l'état, d'une série quelconque d'associations, pourvu qu'elles embrassent l'ensemble des citoyens ; ainsi l'administration des forêts, la perception des impôts, la distribution des paiements, l'instruction publique, la police municipale, etc...

Il reste à l'ordre politique une grande et unique fonction : rendre la justice et exproprier pour cause d'utilité publique ; et cette fonction se décompose en trois autres : créer la loi, juger et faire exécuter les jugements.

Il n'y a que trois ordres de fonctionnaires essentiels à un Etat : des législateurs, des juges et des gendarmes. Le grand principe de la loi est, comme on l'a dit, d'accorder la liberté individuelle avec la liberté collective. La loi protège la personne et les biens et garantit les transactions ; de là deux codes : Code pénal et Code de commerce. Elle règle le mode de fonctionnement des organes qui la font exécuter, et détermine l'impôt nécessaire pour ce service. Ce sont donc les bases de l'administration, de la justice, qui devront être communes aux différents peuples ;

et il n'y en a qu'une essentielle, c'est le jugement
par le jury, ou du moins le principe que ce mode
de procéder consacre : le prévenu, supposé inno-
cent jusqu'à condamnation; et la preuve contra-
dictoire et publique, admise devant des juges
éclairés et exempts de toute partialité.

Avant de continuer, posons un principe : nous
plaçons à la base de toute société le respect
inviolable de la personne et de la propriété; oui,
jamais le citoyen ne disparaît devant la cité,
jamais la majorité ne peut imposer à la minorité
la plus faible ce qui n'est pas strictement nécessaire pour la vie commune de l'une et de l'autre;
jamais on ne peut porter la moindre atteinte à
la propriété, à cette extension du *moi* sur les
choses; ce qui ne veut pas dire que l'on puisse
disposer des choses au préjudice des autres;
mais que tout ce qui a été acquis, sans nuire à
personne, conformément aux dispositions légales,
est sacré, ce qui signifie que la loi n'a pas le droit
de vous priver d'une obole au delà de ce qui est
strictement nécessaire à l'entretien des fonctions
communes à la nation. En dehors de cela, dans

chaque groupe, vous ne donnerez de votre bien
que ce qu'il vous plaira de donner, puisque vous
êtes libre de ne vivre dans aucun groupe, ce qui
implique que la loi doit laisser entière la liberté
de donation et de testation, ainsi que le *jeu*. Je
ne dois ni tuer, ni voler et je dois payer une
somme de.... pour mes juges, et me plier à l'ex-
propriation pour cause d'utilité publique; mais
je suis libre de vivre en sauvage, dans le creux
d'un chêne, avec l'or que j'ai gagné par le jeu
ou l'usure; mais si je mets le pied dans une ville,
si je veux avoir une maison, un livre, un enseignement immédiat, je me heurte à des associations qui m'imposent leurs conditions et m'ex-
cluent si je ne veux pas m'y soumettre. En vertu
de ces principes, nous repoussons théoriquement
l'instruction obligatoire, la propriété obligatoire,
le travail obligatoire et autres fadaises socialistes
à la J.-J. La liberté, c'est la règle; la subordination, la contrainte n'est qu'une nécessité, une
impossibilité de faire autrement.

Sur ces bases nous pouvons établir les rapports
entre tous les peuples, mais il y a encore une

fonction politique nouvelle dont il faut dire un mot : c'est l'inspection scientifique qui se rattache à la justice, car il sera mis dans la loi qu'il est défendu, sous peine de mort (ce sera le seul cas pour lequel on condamnera à mort), d'enseigner, sciemment, l'erreur. Laissons-la de côté pour le moment, nous y reviendrons plus tard.

Les principes que nous allons poser s'appliquent à un nombre quelconque d'états arrivés au même ordre de civilisation et dont les institutions reposent sur les bases ci-dessus Entre eux nous trouverons à établir les mêmes fonctions : administration d'une justice internationale, rapports moraux de la communauté avec le reste de l'humanité, rapports physiques avec le reste du globe, ce qui conduit à une action légale, à une action militaire et à une action industrielle. Ainsi deux ordres de questions à régler pour notre confédération des peuples civilisés : administration d'une justice interne, commune, et rapports externes avec les hommes et l'univers. Ayant ainsi défini le but de l'association des peuples civilisés, au moment d'entrer dans l'examen des

voies et moyens nécessaires pour rendre cette
association efficace, le temps présent me rappelle,
trop *durement*, combien nous sommes éloignés
d'un pareil rêve, pour que mon imagination
puisse se complaire dans un monde si différent
du nôtre. Elle est trop courbée sous le poids de
la réalité pour pouvoir prendre son vol vers un
aussi lointain idéal ; bien plutôt serai-je tenté de
chercher, à mon pays, des armes pour continuer
la guerre ; et, de fait, les moyens qui lui servi-
ront à réorganiser sa force défensive, ne seront-
ils pas le modèle d'une transformation générale
de la force des nations, destinée à les mettre,
autant que possible, à l'abri des conquêtes ?

Rappelons-nous les généreuses illusions de
Vauban pour éviter toute chimérique espérance ;
mais n'en cherchons pas moins, avec ardeur, la
solution de cet important problème.

DE L'AVENIR DU SOCIALISME

ou

EXTENSION ET APPLICATION

De la Fraternité et de la Charité chrétienne,

La société moderne a tourné, comme celle de Rome, à l'aristocratie de l'argent : seulement, par le fait de la concurrence industrielle et commerciale, l'argent ne s'acquiert qu'avec du travail; de là, la supériorité de l'aristocratie moderne sur l'antique. Un sénateur romain, capable d'acheter l'empire, s'était enrichi par la faveur du prince , la captation des héritages, l'exploitation des provinces. Un lord nouvellement nommé par la

reine d'Angleterre, lord Beaconsfield, doit sa fortune à son talent d'auteur, à l'héritage d'une famille de banquiers, à son habileté financière ou
industrielle. Au lieu de savoir seulement parler
et paraître, il a dû apprendre les sciences, pratiquer les arts industriels, administrer des affaires;
c'est donc forcément un travailleur moralisé par
le travail. Car le travail, absorbant le temps et les
forces, détourne de la frivolité et de la débauche.
Nos affaires politiques ne se traitent plus par un
seul discours appris ou composé suivant les règles
de l'enseignement des écoles; il y faut une lon-
gue et minutieuse étude; la moindre exige un
dossier volumineux, bourré de chiffres et escorté,
encombré de pièces à l'appui. Néanmoins, l'aristocratie de l'argent est injustifiable et, comme
telle, destinée à faire place à celle du talent.
L'avenir est au socialisme qui met, pour ainsi
dire, en un fonds commun le patrimoine d'une
nation pour le faire exploiter par les plus capa-
bles, au mieux des intérêts de tous. Seulement
cet avenir est encore éloigné, et les socialistes ac-
tuels ne suivent pas la route qui y conduit le plus

directement. Inspirés par les mêmes vues égoïstes
que ceux qu'ils combattent, ils veulent prendre et
partager. Pour prendre, ils ont le nombre qui, un
jour donné, peut être la force, mais, pour partager, ils sont tellement nombreux que la part de
chacun sera nulle. Ce n'est donc pas là qu'est la
solution ; ce qui est nécessaire au succès du socialisme et ce qui, en même temps, est difficile, c'est
de gérer équitablement le bien commun, et, pour
cela, il faut un principe supérieur, un principe
capable de modifier les allures de la société moderne, de la secouer de sa torpeur, de briser les
barrières de son égoïsme ; il faut le désintéressement, le dévouement.

Ce désintéressement, ce dévouement, il y a
2,000 ans que le christianisme en a donné
l'exemple en se détachant des biens temporels et
se dévouant au salut des âmes. Il a atteint son
but et sauvé les âmes, mais, malheureusement,
chaque jour les croyants disparaissent et le
peuple réclame l'affranchissement temporel après
l'affranchissement spirituel. Il ne peut être ob-
tenu que par les mêmes moyens appliqués à un

autre objet. Socialistes, soyez désintéressés ; partagez votre bien entre vos frères, non pour vous débarrasser d'un fardeau trop pesant, mais pour les faire participer au bien-être dont vous jouissez ; mais, en partageant vos biens, retenez-en la gestion pour que chacun profite sagement de votre libéralité. L'avenir est, non pas au dépouillement du riche, mais à la formation des fortunes collectives, aux biens de main-morte assujettis à une taxe spéciale.

Ces communautés commenceront par être de faible importance, puis, les forces leur venant peu à peu, avec les progrès de leur organisation, et le développement de leurs vertus, elles accapareront tout le travail et il n'y aura plus place, à côté d'elles, pour d'autres industries. Tel est le but. Mais combien éloigné? Il faut d'abord changer l'état des âmes ; il faut, ensuite, que des révolutions économiques aient modifié ou plutôt bouleversé les formes du travail. En Amérique, en Russie, les premiers essais se font dans des communautés inspirées par une sorte de christianisme primitif. Ces essais se continueront en

se développant durant quelques siècles, et, pendant ce temps-là les conditions de la vie écono-
mique actuelle deviendront de plus en plus pénibles, les capitaux ne donneront qu'un intérêt
dérisoire; les Etats, de plus en plus obérés, ne
subsisteront que par des séries de banqueroutes
partielles; dans chûque pays, un grand nombre
d'industries locales auront disparu, les autres
seront concentrées dans quelques mains; les sa-
lariés de toute classe seront à la merci d'une
guerre ou d'un tarif, les fonctions de l'Etat ne
seront plus suffisamment rémunérées, les arts
devront se suffire à eux-mêmes comme les reli-
gions. Le travailleur-outil, le manœuvre aura à
lutter contre la concurrence des Asiatiques, plus
nombreux à eux seuls que le reste des peuples.
Partout, malaise, gêne, souffrance, impossibilité
de vivre. Partout dégoût de la vie matérielle,
aspiration vers l'idéal, impuissance à le réaliser.

L'âme humaine aura soif de se retremper dans
un bain d'amour universel, de charité noble, de
dévouement exalté. Le socialisme de l'avenir
réalisera ces aspirations en donnant au corps plus

de satisfaction qu'aucun autre système, en insuf-
flant dans l'âme humaine l'amour de l'humanité,
en opérant la fusion de l'égoïsme et de l'al-
truisme.

Heureux nos arrière-neveux, trois fois heureux
les hommes issus de notre trentième génération!
Enclavés dans des communautés librement choi-
sies, dont les règles sages et paternelles assure-
ront tout le côté matériel de l'existence, enlève-
ront toute préoccupation d'avenir, ils seront
libres de ne plus songer qu'à s'instruire et à tra-
vailler chacun dans la voie qui lui est propre.
L'amour, qui est l'exception dans notre pauvre
existence, sera la règle de tous ces heureux héri-
tiers de nos labeurs, amour universel, presque
éthéré, débarrassé de tout égoïsme et s'étendant
de la chaste compagne du lit au pauvre vieillard
propre et bon, à l'infirme consolé qui accomplit,
sous la protection commune, une existence ga-
rantie par l'union de tous.

Cette sorte de socialisme paraît l'avenir ration-
nel de l'humanité. Le groupe seul possède : de là
plus d'envie, plus de hideux calculs d'héritage et

un luxe collectif, un bien-être et des ressources
auxquels nul isolé ne peut atteindre.

L'avenir de la famille est assuré : de là nulle
contrainte dans l'amour, nulle préoccupation
égoïste dans le mariage. Les enfants, soumis à la
sélection naturelle, sont élevés suivant leurs aptitudes pour leur bien personnel et celui de l'ensemble.

L'homme sort de lui-même pour suivre ses
goûts et le travail auquel il est apte : de là plus
d'égoïsme, plus de haine, plus d'envie.

Le progrès s'est fait jusqu'ici en laissant l'individu isolé avec sa liberté et sa richesse person-
nelle et en créant, en dehors de lui, de vastes
systèmes accessibles au public : chemins de fer,
voirie et police des villes, grands établissements
de plaisirs, de commerce, d'éducation (théâtres,
magasins généraux, etc.). Le lien sympathique
entre les coopérateurs de ces œuvres collectives
est resté faible, pour ne pas dire nul, cependant
la patrie, la grande patrie moderne, et, à un
autre degré, la commune, présentent quelques-
uns des caractères de l'extension de la famille;

C'est cette extension qu'il faut poursuivre par l'organisation de vastes groupes industriels ou autres.

La nature est sombre, humide et désolée pendant huit mois, les tempéraments sont appauvris et souvent minés; le besoin nous assiège, l'envie nous ronge, partout la concurrence sans pitié, la lutte pour la vie sans merci, nulle part la concorde, les douces communions des âmes, la fraternité consolatrice ! Il faut donc bien porter ses regards vers les régions de l'impossible, au-delà de cet univers si grand, si durable, et cependant périssable et limité. L'homme a besoin de sortir de son « moi » par le travail, la chaleur d'un milieu sympathique et le rêve d'un idéal sublime.

Nous vivons sur la mince écorce d'une chétive planète, emportée dans une course vertigineuse à la suite de son soleil dans les régions désolées de ce qui nous semble l'immensité, mais n'est, peut-être, qu'une parcelle infiniment petite d'un tout gigantesque dont l'essence nous échappe absolument... Plus heureux seront nos arrière-

petits-enfants si le monde continue à progresser,
ils seront englobés dans les liens d'une efficace
solidarité et l'individu pourra disparaître, à toute
heure, sans inquiétude pour aucun des siens. Ce
jour-là la mort sera bien près d'être vaincue !

De nos jours nous assistons à la formation d'une
morale supérieure au sujet de la peine de mort,
de la guerre, de faits considérés jusqu'ici comme
naturels, nécessaires, et même glorieux.

L'idéal moral ne saurait donc consister dans
l'accord avec l'opinion régnante; cet accord cons-
titue seulement la moralité obligatoire de chaque
époque, celle qu'il importe d'avoir pour ne pas
éprouver de désagréments de la part de ses con-
temporains. Ce serait une belle œuvre de tra-
vailler, dans la mesure de ses forces, à cette
grande tâche de relever le moral des déshérités
en faisant rayonner la lueur de l'idéal sur les
obscurités du labeur quotidien, en associant les
larmes qui consolent à l'énergie qui lutte.

En fait de socialisme, tant que l'humanité con-
tinuera à croître sans méthode, et à multiplier au
hasard, les concurrences s'exerçant dans toutes

les directions, on ne voit guère qu'on puisse es-
pérer d'amélioration durable en dehors de la
création d'une nouvelle couche de contre-maîtres
et sous patrons associés aux échelons supérieurs,
quelque chose comme un état des sous-officiers
de l'armée industrielle. On peut ainsi augmenter
le nombre des intéressés à l'ordre social des co·
participants de la civilisation, du progrès, et du
bien être; mais quant à donner à tous, sans exception, l'entière possession des biens dont la
bourgeoisie actuelle ne jouit qu'imparfaitement,
cela paraît bien utopique; car, après les Français,
viendront les Belges, les Italiens, les Chinois, et
s'il peut, à la rigueur, y avoir du pain pour tout
le monde, il n'y aura sûrement pas de gros sa-
laires et de loisirs pour tous les misérables possibles du monde entier.

Allons donc au plus pressé : doublons notre
état-major industriel d'une classe auxiliaire
nombreuse et forte, et, aux autres, contentons-
nous d'assurer la justice et des secours contre la
faim. A l'avenir de faire le reste ! Logements sa-
lubres, pain et viande à bon marché, arbitrage

dans les grèves, charité aux malheureux, c'est déjà beaucoup pour les gouvernements de notre époque et leurs budgets si pesants. Heureusement que la liberté du commerce résout sans frais la question du pain à bon marché. Une bonne police sanitaire, et des associations charitables, pourvoiront aux maux accidentels. Quant aux grèves, c'est surtout sur l'influence de la nouvelle couche du sous-état-major industriel qu'il faut compter, et cette nouvelle couche, qui ne demande qu'à se développer, il est de l'intérêt bien entendu de la tête actuelle, de la favoriser et de l'accroître.

En somme, le progrès, à aucune époque, n'a jamais pu s'appliquer à tout l'ensemble des races et à tous les individus de chaque race, la marche, dans son essence, consistant à augmenter, le plus possible, le nombre des élus, de ceux auxquels la vie peut offrir dignité, sécurité, indépendance dans la limite de la médiocre destinée que la nature a faite aux humains.

Quand on réfléchit sur le sort des hommes, aux diverses époques, on trouve, dans un passé bien rapproché, des famines, des pestes noires, des massacres de chaque jour, des tortures horribles, la lèpre, la superstition, la peur du diable et les affres du remords; et on trouve, dans le présent, d'horribles hécatombes guerrières tous les dix ans, le choléra, les maladies régnantes qui peuplent les hôpitaux, fièvre typhoïde, phtisie, diphtérie; les sinistres quotidiens provenant de l'incendie, des chemins de fer, de la navigation, des mines, l'alcoolisme, la folie, les maladies nerveuses, l'envie, la cupidité effrénée, l'anarchie morale, la peur du progrès, la misère et le désespoir produits par le mouvement incessant des sociétés modernes. Et cependant il semble (est-ce une illusion ?) que le nombre des existences assurées et relativement heureuses s'accroisse sensiblement. Ne renonçons donc pas à la croyance au progrès, mais ne le concevons pas tout d'une pièce, s'avançant sans recul et uniformément. Ce n'est pas même une marée dont chaque vague dépasse la précédente; non; c'est plutôt une prairie, de plus en plus vaste, où la bonne herbe est de plus en plus nombreuse, mais où croissent, sans cesse aussi, et à toute place, les plantes stériles et vénéneuses.

Dans ce grand espace où dominaient de robustes graminées, voici maintenant des fondrières, des ronces et des chardons, mais l'ensemble est plus verdoyant et plus fertile qu'il ne le fut jamais.

TABLE DES MATIÈRES

IMPRIMERIE DE VEUVE E. AUBERT

Versailles, 6, avenue de Sceaux.